CONVERSATIONS IN Everyday French

P. G. Martin

Editor
Jane Wall-Meinike

National Textbook Company
a division of NTC *Publishing Group* • Lincolnwood, Illinois USA

1997 Printing

7 8 9 ML 9 8 7

Preface

Everyday Conversations in French offers intermediate students of French entertaining and useful practice in everyday communication. The nineteen lively, self-contained conversations deal with everyday topics and situations in which students visiting a French-speaking country might find themselves. The culturally authentic conversations will interest students in the French classroom as well as provide them with invaluable preparation for a visit to a French-speaking region of the world.

Topics covered in *Everyday Conversations in French* include such things as buying a train ticket, booking a hotel room, and buying postage stamps and theater tickets—all subjects useful to future travelers. Vocabulary chosen for the conversations is of high frequency and words are repeated often to encourage mastery.

Each numbered lesson is divided into the following sections:

A Dialogue—Each lesson begins with a conversation that is centered on a culturally authentic topic and contains useful vocabulary and patterns.

B Comprehension Questions—Each conversation is followed by factual questions to check the students' comprehension of the conversation.

C Patterns—The Patterns section reviews important language patterns found in the conversations and helps students assimilate the patterns into their own knowledge of French. Students are asked to translate brief English sentences into French, based on a model French sentence.

D Vocabulary Expansion—Most lessons include a Vocabulary Expansion section, which reviews or introduces additional vocabulary related to the lesson topic and includes a brief exercise or activity to allow students to use the vocabulary actively.

The material found in *Everyday Conversations in French* is designed primarily for oral work, although certain material, particularly the Patterns section, is well suited to written practice.

A Teacher's Guide to *Everyday Conversations in French,* also available from National Textbook Company, includes exercise answers, supplementary activities, and additional cultural information.

Contents

Preface		iii
1	Meeting a Friend of the Same Age	1
2	Meeting Someone You Have Not Seen Recently	3
3	Asking for Directions	5
4	Shopping in a Supermarket	7
5	At the Station	11
6	At a Hotel (1)	14
7	At a Hotel (2)	17
8	In a Restaurant	19
9	At a Travel Agency (1)	22
10	At a Travel Agency (2)	25
11	At a Campsite	28
12	At the Theater	32
13	At the Movies	36
14	At the Lost and Found	38
15	At the Post Office	41
16	Going Through Customs	43
17	At a Gas Station	46
18	Staying With a French Family	50
19	Health	54

1 Meeting a Friend of the Same Age

On rencontre un ami du même âge

A Dialogue

Jean: Salut, Pierre.
Pierre: Salut, Jean. Ça va?
Jean: Oui, ça va très bien. Et toi?
Pierre: Très bien, merci. Où vas-tu?
Jean: Je vais voir ma tante et puis cet après-midi je vais au cinéma.
Pierre: Tu y vas seul?
Jean: Oui. Tu voudrais venir avec moi?
Pierre: Avec plaisir. A quelle heure?
Jean: Je te verrai au coin de la rue devant le cinéma à deux heures.
Pierre: D'accord. Jusqu'à deux heures. A tout à l'heure.
Jean: A tout à l'heure, Pierre.

B Comprehension Questions

1. Qui est-ce que Jean rencontre?
2. Où est-ce que Jean va?
3. Est-ce que Jean y va seul?
4. Est-ce que Pierre voudrait aller avec Jean?
5. A quelle heure les deux garçons vont-ils se rencontrer? Où?

C Patterns

Using the model sentence in French as a guide, give the French equivalent for each of the English sentences.

1. Où vas-tu?
   Where is he going?
   Where are we going?
   Where are they going?
2. Je vais voir ma tante.
   He's going to see his cousin.
   We're going to see our grandfather.
   They're going to see their sister.
3. Tu voudrais venir avec moi?
   Would you like to go with him?
   Would you like to come with us?
   Would you like to go with them?

D Vocabulary Expansion

In the dialogue Pierre greets Jean with *Salut, Jean Ça va?* This is a common way of greeting a friend in French and asking how he or she is. Jean answers with *Oui, ça va très bien,* "Things are very good." Of course, there are other ways of answering *Ça va?* One might say *Ça va bien* ("fine"), *Comme ci, comme ça* ("so-so"), *Pas mal* ("not bad") *Ça va mal* ("bad"), or simply *Ça va* ("OK").

Take turns greeting your classmates with *Salut, _____. Ça va?* Each classmate should answer using one of the above responses.

2 Meeting Someone You Have Not Seen Recently

On rencontre quelqu'un qu'on n'a pas vu depuis longtemps

A Dialogue

Vous: Bonjour, mademoiselle. C'est Jeanne, n'est-ce pas?

Jeanne: Mais oui; c'est Marie?

Vous: Oui. Je suis très heureuse de vous revoir. Comment allez-vous?

Jeanne: Je vais très bien, merci, et vous?

Vous: Très bien. Et votre mère comment va-t-elle?

Jeanne: Elle va très bien aussi. Elle est en vacances à Paris en ce moment.

Vous: Où habitez-vous maintenant?

Jeanne: J'habite là-bas, au coin. C'est la petite maison rouge. Venez prendre une tasse de café chez moi.

Vous: Je regrette, mais il faut prendre l'autobus.

Jeanne: Quel dommage! Est-ce que vous pouvez venir mercredi prochain?

Vous: Oui, avec plaisir. A quelle heure?

Jeanne: A onze heures et demie?

Vous: Oui, d'accord. Oh, il faut courir. Je vois mon autobus qui arrive.

Jeanne: Alors, au revoir. Jusqu'à mercredi prochain.

Vous: Au revoir, Jeanne, et merci bien.

B Comprehension Questions

1. Comment s'appellent les deux personnes qui parlent?
2. Où est la mère de Jeanne en ce moment?
3. Où habite Jeanne? De quelle couleur est sa maison?
4. Pourquoi est-ce que Marie ne peut pas prendre une tasse de café chez Jeanne?
5. Quand est-ce que Marie va chez Jeanne? A quelle heure?
6. Que voit Marie? Qu'est-ce qu'il faut faire?

C Patterns

Using the model sentence in French as a guide, give the French equivalent for each of the English sentences.
1. Et votre mère, comment va-t-elle?
   And your parents, how are they?
   And you, how are you?
   And Pierre, how is he?
2. Elle va très bien, merci.
   They're fine, thank you.
   I'm fine, thank you.
   He's fine, thank you.
3. Au revoir. Jusqu'à mercredi prochain.
   Good-bye. Until next Saturday.
   Good-bye. Until two o'clock.
   Good-bye. Till eleven thirty.

D Vocabulary Expansion

In the dialogue, Jeanne invites Marie to have a cup of coffee at her house. Other activities that you might invite someone to share with you include the following: *prendre une tasse de thé, prendre une limonade, déjeuner, dîner, jouer aux cartes, jouer aux échecs, regarder la télé, écouter des disques, bavarder.* Pick someone in the class and invite him or her to your home to do one of the activities listed or another of your own choosing. Follow the pattern from the dialogue: YOU: *Venez ___ chez moi.* CLASSMATE: *Avec plaisir. A quelle heure?* YOU: *A ___.*

4

3   Asking for Directions

On demande des renseignements

A Dialogue

Vous: Pardon, monsieur.

L'inconnu: Oui, monsieur? Est-ce que je peux vous aider?

Vous: Je ne connais pas cette ville, monsieur. Pouvez-vous me dire où se trouve le parc?

L'inconnu: Oui, certainement. Est-ce que vous voulez y aller à pied ou est-ce que vous voulez prendre l'autobus?

Vous: Je ne sais pas. Est-ce que c'est loin?

L'inconnu: Si vous voulez aller à pied, il faut marcher tout droit jusqu'au cinéma au coin et puis il faut tourner à gauche. Vous allez voir un supermarché à droite et à gauche il y a la bibliothèque.

Vous: Oui, je comprends—tout droit jusqu'au cinéma, il faut tourner à gauche. Le supermarché est à droite et la bibliothèque est à gauche.

L'inconnu: C'est ça. Puis il faut continuer le long de la rue jusqu'au théâtre à droite; il faut prendre la rue en face du théâtre—c'est la rue Royale—et puis il faut

continuer jusqu'au carrefour. Il y a une banque au
coin à droite et l'entrée du parc est juste à côté.

Vous: Oh, c'est loin! Est-ce qu'il y a un autobus?

L'inconnu: Oui. L'autobus numéro dix va au parc et il y a un
arrêt, là, devant la boulangerie. Regardez! Oh, vite!
Le voilà! Il faut courir!

Vous: Merci bien, monsieur. Au revoir.

L'inconnu: Au revoir, monsieur. Courez vite! Bonne chance!

B Comprehension Questions

1. Pourquoi est-ce que le garçon s'approche de l'inconnu?
2. Est-ce que le garçon connaît cette ville?
3. Que cherche le garçon?
4. On va au parc à pied. Pour commencer, où est-ce qu'il faut
aller?
5. Qu'est-ce qu'on va voir après avoir tourné à gauche?
6. Pour continuer, où est-ce qu'il faut aller?
7. Qu'est-ce qu'il y a au carrefour?
8. O'u se trouve l'entrée du parc?
9. Est-ce qu'il y a un autobus qui va au parc?
10. Où se trouve l'arrêt d'autobus?

C Patterns

Using the model sentence in French as a guide, give the French
equivalent for each of the English sentences.

1. Je ne connais pas cette ville.
   He doesn't know Paris.
   We're not familiar with the theater.
2. Pouvez-vous me dire où se trouve le parc?
   Can you tell me where the library is located?
   Can you tell me where the supermarkets are located?
3. Je ne sais pas.
   We don't know.
   She doesn't know.
4. Il faut marcher tout droit.
   One must turn to the left.
   You must continue until the intersection.

4   Shopping in a Supermarket

On fait des achats dans un supermarché

A Dialogues

Maman: Vite, Marie, prends un panier.

Marie: Non, maman, je vais prendre un petit chariot, parce que nous allons acheter beaucoup de choses, n'est-ce pas?

Maman: Oui, c'est vrai. Prends un chariot alors, mais fais vite. Nous n'avons pas beaucoup de temps.

Marie: Est-ce que tu as ta liste, maman?

Maman: Oui, la voici. Qu'est-ce qu'il faut acheter? D'abord je voudrais du beurre, des oeufs et du sucre.

Marie: Voilà, maman, à gauche.

Maman: Bon. Et maintenant du thé et du café. Ah, les voilà!

Marie: Qu'est-ce que nous cherchons maintenant, maman?

Maman: Des biscuits et du fromage.

Marie: Je viens de voir le fromage, là, à droite. Et voilà les biscuits.

Maman: Très bien. Maintenant je cherche quelque chose pour le déjeuner. Qu'est-ce que tu voudrais?

Marie: Oh, je ne sais pas. Des saucisses peut-être?

Maman: Oui, c'est une bonne idée. Ton père aime les saucisses, n'est-ce pas? Où sont-elles?

Marie: Les voilà, maman, dans le grand frigo. Est-ce que c'est tout maintenant?

Maman:	Non, pas encore! Je voudrais des pommes, des oranges et des bananes.
Marie:	Voilà les fruits, maman, dans le coin, à gauche.
Maman:	Je pense que nous avons fini maintenant; c'est tout. Où faut-il payer?
Marie:	Là — à la caisse. Oh, regarde, il y a une longue queue. Il faut attendre.
Maman:	Oui, c'est dommage. Nous n'avons pas beaucoup de temps. L'autobus part dans dix minutes.

A la caisse

La caissière:	Ça fait soixante francs cinquante, madame.
Maman:	Merci. Oh, je regrette, je n'ai pas de monnaie. Voici un billet de cent francs.
La caissière:	Merci, madame. Voici votre monnaie, trente-neuf francs et cinquante centimes.
Maman:	Merci, mademoiselle. Est-ce que vous avez une boîte dans laquelle je peux mettre mes achats?
La caissière:	Mais oui, madame, voilà.
Maman:	Merci bien. Au revoir, mademoiselle.

B Comprehension Questions

1. Que font Marie et sa maman?
2. Pourquoi est-ce qu'elles ont besoin d'un petit chariot?
3. Qu'est-ce qu'il faut acheter?
4. Qu'est-ce que Marie voudrait pour le déjeuner?
5. Pourquoi est-ce que Marie et sa maman décident d'acheter des saucisses?
6. Où est-ce qu'elles trouvent les saucisses?
7. Quels fruits est-ce qu'elles achètent?
8. Pourquoi est-ce qu'il faut attendre à la caisse?
9. Combien coûtent leurs provisions?
10. Qu'est-ce que maman donne à la caissière? Combien de monnaie est-ce qu'elle reçoit?

C Patterns

Using the model sentence in French as a guide, give the French equivalent for each of the English sentences.

1. Je vais prendre un chariot.
   He is going to look for something for lunch.
   They are going to buy a lot of things.
   We're going to pay at the checkout counter.
2. Tu as ta liste? Oui, la voici.
   Do we have the basket? Yes, here it is.
   Does she have the oranges? Yes, there they are.
   Do you have the box? Yes, there it is.
3. Je voudrais du beurre et des oeufs.
   I'd like some coffee and some sugar.
   I'd like some apples and bananas.
   I'd like some soup and some water.
4. Je n'ai pas de monnaie.
   You have no money.
   We have no time.
   They have no tea.
5. Je viens de voir le fromage, là, à droite.
   She just saw the cookies, there, to the left.
   They just found the sausages, there, in the refrigerator.
   We just went shopping, there, in the supermarket.
6. C'est dommage. L'autobus part dans dix minutes.
   That's too bad. The plane leaves in an hour.
   What a pity. The train leaves in thirty minutes.
   What a pity. The bus leaves in two hours.
7. Ça fait soixante francs cinquante, madame.
   That'll be eighty francs, thirty, sir.
   That'll be ninety francs, seventy-five, miss.
   That'll be twenty francs, fifteen, ma'am.
8. Voici un billet de cent francs.
   Here's a five-franc bill.
   Here's a fifty-franc bill.
   Here's a ten-franc bill.

D Vocabulary Expansion

You are probably already familiar with these French stores. Review the words; then answer the questions that follow.

la boucherie   l'épicerie   le marché   la pharmacie
la boulangerie   la librairie   la pâtisserie   le supermarché
la charcuterie   le magasin de vêtements

1. Où est-ce qu'il faut aller pour acheter un cachet d'aspirine?
2. Où est-ce qu'on vend du pain et des croissants?
3. Où est-ce qu'il faut aller pour acheter des livres? Pour emprunter des livres?
4. Si on veut acheter des saucisses, où est-ce qu'on va?
5. Est-ce qu'il y a beaucoup de charcuteries aux Etats-Unis?
6. Où est-ce que tes parents font leurs achats—à l'épicerie ou au supermarché?
7. Nommez quelque chose qu'on peut acheter dans un magasin de vêtements.

Discussion Questions

Pourquoi est-ce que la plupart des Américains font leurs achats dans les grands supermarchés?

Est-ce que les Français font leurs achats aux supermarchés? Pourquoi?

Est-ce que le service est meilleur dans un petit magasin ou dans un grand magasin?

5 At the Station

A la Gare

A Dialogues

M. Legrand: Porteur, où se trouve le guichet, s'il vous plaît?
Le porteur: Le voilà, monsieur, à gauche.

Au guichet

M. Legrand: Je voudrais un billet d'aller et retour, deuxième classe, pour Lyon, s'il vous plaît.
L'employé: Oui, monsieur. Un billet d'aller et retour, deuxième classe, pour Lyon. Voilà, monsieur. Trente-cinq francs, s'il vous plaît.
M. Legrand: Merci. A quelle heure part le prochain train?
L'employé: Dans deux heures, monsieur. A une heure moins vingt. Au quai numéro sept.
M. Legrand: Est-ce qu'il faut changer de train?
L'employé: Non, monsieur, c'est direct. Vous arriverez à Lyon à trois heures et quart.
M. Legrand: Oh, mon Dieu! Il faut attendre deux heures. Où est la consigne, s'il vous plaît? J'ai deux valises lourdes.
L'employé: Sur le quai numéro un, monsieur.
M. Legrand: Merci. Et la salle d'attente?
L'employé: C'est aussi sur le quai numéro un. Il y a un kiosque à journaux à côté, et aussi un restaurant.
M. Legrand: Merci, monsieur.

Une heure et demie plus tard

M. Legrand: Voulez-vous porter mes deux valises au quai numéro sept, s'il vous plaît? C'est le train de Lyon.

Le porteur: Oui, monsieur. Première ou deuxième classe?

M. Legrand: Deuxième classe.

Le porteur: Est-ce que vous avez une place réservée, monsieur?

M. Legrand: Non.

M. Legrand montre son billet au contrôleur. Il va sur le quai. Le porteur trouve un compartiment vide.

Le porteur: Voilà, monsieur ... oh, non, ce compartiment est réservé ... Ah, voilà, monsieur, il y a une place libre au coin de ce compartiment. Ça va?

M. Legrand: Oui, ça va, merci.

Le métro à Paris

Monsieur Leblanc est en vacances à Paris avec sa femme et sa fille. Il regarde son plan du métro.

M. Leblanc: Eh bien, nous sommes ici. Voilà Notre-Dame et nous voulons aller à la Tour Eiffel. Il faut aller à 'Châtelet' pour prendre le métro, direction Neuilly; notre station de correspondance est 'Etoile'. Puis c'est direction Nation et notre station est 'Trocadéro'. Nous serons près du Palais de Chaillot et il faut traverser le Pont d'Iéna à pied pour arriver à la Tour Eiffel. Ça va?

Mme Leblanc: Oui, ça va, Henri.

M. Leblanc: Je voudrais acheter un carnet de billets au guichet. Il ne faut pas oublier.

B Comprehension Questions

1. Où est-ce que M. Legrand veut aller?
2. Quelle sorte de billet achète-t-il?
3. A quelle heure part le train? Combien de temps faut-il attendre avant le départ du train?
4. A quelle heure est-ce que M. Legrand arrivera à Lyon?
5. Pourquoi est-ce que M. Legrand veut trouver la consigne?
6. Qu'est-ce qu'il y a à côté de la salle d'attente?
7. Est-ce que M. Legrand a une place réservée?
8. Où est-ce que le porteur trouve une place libre pour M. Legrand?

12

9. Pourquoi est-ce que M. Leblanc et sa famille sont à Paris?
10. Comment est-ce qu'on va de Notre-Dame à la Tour Eiffel en métro?

C Patterns

Using the model sentence in French as a guide, give the French equivalent for each of the English sentences.
1. Est-ce qu'il faut changer de train?
   Is it necessary to change planes?
   Must we change buses?
2. Vous arriverez à Lyon à trois heures et quart.
   They will arrive in Dijon at 4:45.
   I will arrive in Cannes at midnight.

D Vocabulary Expansion

In the dialogue, you learned many terms relating to train travel. Here are some terms relating to travel by air.

l'aéroport	un billet de	le guichet	la porte
atterrir	deuxième classe	le hangar	d'embarquement
l'avion	un billet de	l'hôtesse de	la salle
l'avion à	première classe	l'air	d'attente
réaction	le car	le passager	le steward
un billet d'aller	décoller	le pilote	la tour de
et retour	faire escale	la piste	contrôle
un billet simple			le vol direct

1. Pour prendre un avion, il faut aller à ____ .
2. Pour acheter des billets à l'aéroport, il faut aller au ____ .
3. Cet avion va de Paris à Rome, mais il fait ____ à Nice.
4. Les passagers attendent leur vol dans ____ .
5. Les passagers passent par la porte d'embarquement. Leur avion va bientôt ____ .
6. Les hommes et les femmes qui dirigent la circulation des avions travaillent dans ____ .
7. On garde et répare les avions dans ____ .

Discussion Questions

Est-ce que vous aimez voyager en avion, ou est-ce que vous préférez voyager en voiture ou par le train? Pourquoi?
Est-ce que vous aimeriez être pilote? Steward ou hôtesse de l'air? Pourquoi?
Est-ce que vous aimeriez travailler dans un aéroport? Pourquoi?

13

6   At a Hotel (1)

A un Hôtel: Une famille arrive sans avoir réservé des chambres

A Dialogue

M. Gérard: Bonjour, mademoiselle.

La réceptionniste: Bonjour, monsieur, qu'y a-t-il pour votre service?

M. Gérard: Je voudrais réserver une chambre à deux lits avec salle de bains et aussi une chambre à un lit pour une semaine à partir d'aujourd'hui. La chambre à deux lits est pour ma femme et moi et l'autre chambre est pour ma fille; elle a treize ans.

La réceptionniste: Oui, monsieur. Il faut attendre une minute. (*Elle regarde ses papiers.*) Oui, nous avons deux chambres libres. Elles sont au troisième étage au bout du couloir et les fenêtres donnent sur la petite cour derrière l'hôtel. Les chambres sont très tranquilles. Il n'y a pas de bruit de la circulation.

M. Gérard: Quel en est le prix, s'il vous plaît?

La réceptionniste: Quatre-vingts francs par jour pour la chambre à deux lits et cinquante francs par jour pour l'autre chambre, service non compris, monsieur.

M. Gérard: C'est parfait! Nous avons de la chance!

La réceptionniste: Est-ce que vous voudriez monter voir les

	chambres maintenant, monsieur?
M. Gérard:	Oui, s'il vous plaît, parce que ma femme et ma fille sont très fatiguées après notre voyage. Quelle heure est-il, s'il vous plaît? Ma montre ne marche pas.
La réceptionniste:	Il est neuf heures précises, monsieur.
M. Gérard:	Est-ce qu'il y a un ascenseur, mademoiselle? Vous avez dit que les chambres sont au troisième étage et nous avons trois valises lourdes.
La réceptionniste:	Oui, monsieur. L'ascenseur est là, à droite, et voici le liftier. Où sont vos valises?
M. Gérard:	Elles sont dans la voiture. Je vais les chercher. A propos, est-ce que nous pouvons prendre le petit déjeuner dans nos chambres?
La réceptionniste:	Mais oui, monsieur, si vous voulez. A quelle heure?
M. Gérard:	Vers neuf heures, s'il vous plaît.
La réceptionniste:	D'accord, monsieur. Qu'est-ce que vous voudriez?
M. Gérard:	Du café au lait, des croissants, du beurre et de la confiture, s'il vous plaît.
La réceptionniste:	Très bien, monsieur. J'espère que votre famille et vous serez très confortables. Ah! Voici le portier! Il peut monter vos valises.

B Comprehension Questions

1. Combien de chambres est-ce que M. Gérard voudrait? Pour qui?
2. Combien de temps est-ce que les Gérard veulent rester à l'hôtel?
3. Est-ce qu'il y a deux chambres libres? Où se trouvent les chambres?
4. Pourquoi les chambres sont-elles tranquilles?
5. Quel est le prix des deux chambres?
6. Pourquoi est-ce que la famille veut monter aux chambres maintenant?
7. Pourquoi cherchent-ils un ascenseur?
8. Où est-ce qu'il faut chercher les valises?
9. Que veulent les Gérard comme petit déjeuner?
10. Où est-ce que les Gérard vont prendre le petit déjeuner? A quelle heure?

C Patterns

Using the model sentence in French as a guide, give the French
equivalent for each of the English sentences.
1. Je voudrais réserver une chambre à deux lits.
   I'd like to reserve a room with one bed.
   We'd like to see a room with three beds.
2. Les fenêtres donnent sur une petite cour.
   Our room looks out on a large park.
   Their apartment looks out on the street.
3. Nous avons de la chance!
   I am lucky!
   You are lucky!
4. Ma montre ne marche pas.
   The elevator doesn't work.
   Their cars don't work.
5. Il est neuf heures précises.
   It is exactly two o'clock.
   It is exactly one o'clock.

D Vocabulary Expansion

Review the following terms relating to travel.

voyager en avion	aller à pied	service compris
en voiture	par le train	service non compris
en autobus	faire la valise	au rez-de-chaussée
en taxi	réserver une chambre	au premier étage
en métro	réserver une place	au deuxième étage
en bateau	visiter	au troisième étage

Now assume that you are taking a trip to Paris from New York.
Use your imagination and answer the following questions.
1. Qu'est-ce qu'il faut faire avant de partir?
2. Comment est-ce que vous allez de votre maison à l'aéroport de
   New York?
3. Comment est-ce que vous allez de New York à Paris? Avez-
   vous déjà réservé une place?
4. Décrivez le voyage.
5. Comment est-ce que vous allez de l'aéroport Charles de Gaulle
   à votre hôtel?
6. Avez-vous déjà réservé une chambre?
7. A quel étage se trouve votre chambre? Décrivez la chambre.
8. Est-ce que le service est compris?
9. Quels monuments est-ce que vous visitez à Paris? Quels
   musées? Qu'est-ce que vous aimez le mieux?

7   At a Hotel: (2)

A un Hôtel: Une famille arrive à un hôtel où une chambre a été réservée

A Dialogue

M. Dupont:	Bonjour, mademoiselle.
La réceptionniste:	Bonjour, monsieur, madame.
M. Dupont:	Vendredi dernier j'ai téléphoné pour réserver une chambre pour ma femme et moi. Je m'appelle Dupont.
La réceptionniste:	Attendez une minute, monsieur, je vais vérifier ... Ah, oui, M. Dupont, une chambre pour la nuit du quinze juillet. Tout est arrangé. Votre chambre se trouve au premier étage, numéro vingt et un. C'est une chambre très jolie avec un lavabo. La salle de bains et la douche sont juste à côté. Voici votre clef, monsieur.
M. Dupont:	Merci, mademoiselle.
Mme Dupont:	Je voudrais donner un coup de téléphone, s'il vous plaît.
La réceptionniste:	Mais oui, madame; le téléphone est là, à gauche.
Mme Dupont:	Merci, mademoiselle.
La réceptionniste:	Monsieur Dupont, il faut remplir une fiche, s'il vous plaît.
M. Dupont:	Oui, bien sûr.

Il remplit la fiche où il faut indiquer Nom, Prénom, Lieu de Naissance, Durée de Séjour, etc. Madame Dupont revient.

Mme Dupont: J'ai téléphoné à ma soeur. Nous pouvons aller la voir demain matin à onze heures.

M. Dupont: Bon! Elle sera très contente de nous voir. Mademoiselle, est-ce qu'il y a une station de métro près de l'hôtel?

La réceptionniste: Oui, monsieur, à deux minutes. C'est Denfert-Rochereau. Et voici un plan du métro.

M. Dupont: Encore une question! Est-ce qu'il y a un bon restaurant près d'ici? Nous voudrions quelque chose à manger.

La réceptionniste: Oui, monsieur, il y a un très bon restaurant de l'autre côté de la rue. La cuisine est excellente.

M. Dupont: Merci, mademoiselle.

B Comprehension Questions

1. Qu'est-ce que M. Dupont a fait vendredi dernier?
2. Où se trouve leur chambre?
3. Décrivez la chambre.
4. Où se trouvent la salle de bains et la douche?
5. Que veut faire Mme Dupont?
6. Qu'est-ce qu'il faut remplir et que faut-il indiquer là-dessus?
7. A qui est-ce que Mme Dupont a téléphoné?
8. A qui est-ce que les Dupont vont rendre visite?
9. Quelle station de métro se trouve près de l'hôtel?
10. Est-ce qu'il y a un bon restaurant près de l'hôtel?

C Patterns

Using the model sentence in French as a guide, give the French equivalent for each of the English sentences.
1. Vendredi dernier, j'ai téléphoné à ma soeur.
   Last Wednesday she called her brother.
   Last Sunday we called our cousins.
2. Nous pouvons aller la voir demain.
   She can go see him tomorrow.
   You can go see them tomorrow.

8 In a Restaurant

Au Restaurant

A Dialogue

Monsieur et Madame Dupont arrivent au restaurant avec leurs enfants Marie et Philippe. Un garçon s'approche.

M. Dupont: Bonjour, monsieur, Je voudrais une table pour quatre près de la fenêtre, s'il vous plaît.

Le garçon: Oui, monsieur, une minute. Je pense que le restaurant est complet ... Non, voilà une table pour quatre près de la fenêtre. Vous avez de la chance! Par ici, s'il vous plaît, monsieur, madame.

La famille va à la table. Tout le monde s'assied.

M. Dupont: Est-ce que je peux voir le menu du jour?

Le garçon: Oui, monsieur, le voici ... Eh bien, qu'est-ce que vous choisissez?

M. Dupont: Pour commencer nous voudrions de la soupe aux pois pour quatre, s'il vous plaît, et après, une salade pour ma femme, un steak pour moi et des omelettes au jambon pour les enfants.

Le garçon: Oui, monsieur, avec des pommes frites?

M. Dupont: Oui, pour quatre.

Le garçon: Et pour le dessert, monsieur, qu'est-ce que vous choisissez?

M. Dupont: Du fromage pour ma femme et moi, et des glaces au chocolat pour les enfants.

Le garçon: Est-ce que vous voulez quelque chose à boire?

M. Dupont:	Oui, une carafe de vin rouge et pour les enfants deux jus d'orange. Et nous voudrions du café pour finir, s'il vous plaît.
Le garçon:	Café crème ou nature?
M. Dupont:	Nature pour moi et café crème pour ma femme.
Le garçon:	Oui, monsieur. Je reviens tout de suite.

Après quelques minutes le garçon revient avec la soupe.

| Le garçon: | Voilà, monsieur, madame, mes enfants. Bon appétit! |

A la fin du repas

M. Dupont:	Garçon, l'addition, s'il vous plaît.
Le garçon:	Voilà, monsieur. Il faut payer à la caisse.
M. Dupont:	Est-ce que le service est compris?
Le garçon:	Non, monsieur, le service n'est pas compris.

Il s'en va.

| Mme Dupont: | Il faut laisser un pourboire, n'est-ce pas? |

B Comprehension Questions

1. Qui arrive au restaurant?
2. Pourquoi est-ce que le garçon dit que les Dupont ont de la chance?
3. Que veulent les Dupont pour commencer?
4. Qui veut un steak? Qui veut une salade?
5. Que prennent les enfants?
6. Que prennent les Dupont comme dessert?
7. Qu'est-ce qu'ils prennent comme boisson?
8. Où est-ce qu'il faut payer l'addition?
9. Si le service n'est pas compris, qu'est-ce qu'il faut faire?

C Patterns

Using the model sentence in French as a guide, give the French equivalent for each of the English sentences.
1. Je voudrais une table pour quatre près de la fenêtre.
   I'd like a table for two near the courtyard.
   We'd like a table for eight far from the street.
   We'd like a table for six next to the door.
2. Nous voudrions de la soupe aux pois.
   We'd like some ham omelettes.
   I'd like a salad.
   I'd like a carafe of red wine.

3. Je prends du fromage.
   He's having black coffee.
   They're having fried potatoes.
   You're having chocolate ice cream.

D Vocabulary Expansion

You may already be familiar with these food items. Review the words; then answer the questions that follow.

la banane	la crème	le lait	le riz
le beurre	les escargots	l'omelette	la salade
le bifteck	les frites	le pain	le sandwich
le café	le fromage	les petits pois	la soupe
le canard	le fruit	le poisson	le steak
la carotte	la glace	la pomme de	le sucre
le champignon	les haricots	terre	la tarte
le chou	verts	le porc	le thé
la confiture	le jambon	le poulet	le vin

1. Quelle boisson chaude préférez-vous, le café ou le thé? Que mettez-vous dans le café? Dans le thé?
2. Quelle viande préférez-vous?
3. Quel légume préférez-vous? Quel fruit?
4. Quel est votre dessert favori?
5. Que prenez-vous d'habitude pour le petit déjeuner? Le déjeuner? Le goûter? Le dîner?

9 At a Travel Agency (1)

Au Syndicat d'Initiative: A l'Agence de Voyages

A Dialogue

M. Dupont veut faire des réservations pour ses vacances d'été.

M. Dupont: Bonjour, madame.

La dame: Bonjour, monsieur. Est-ce que je peux vous aider?

M. Dupont: Oui, madame. Je pense à mes vacances d'été et je cherche des renseignements. Ma femme et moi, nous voudrions passer deux semaines à la campagne au commencement d'août. Est-ce que vous pourriez me recommander un bon centre? Nous aimons le calme.

La dame: Mais oui, monsieur; j'ai des brochures ici sur toutes les régions de la France. Il y a beaucoup de centres touristiques agréables. Est-ce que vous voudriez passer vos vacances dans une ville ou dans un village?

M. Dupont: Je pense que nous préférons un village où il n'y a pas beaucoup de monde. Comme j'ai déjà dit, nous aimons le calme. Mais nous voudrions visiter une région où il y a beaucoup à voir—une région intéressante.

La dame:	Oui, je comprends. Je peux recommander ce joli petit village que vous voyez ici sur la carte. Il se trouve au milieu d'une belle campagne où il y a beaucoup de châteaux intéressants. Il y a un bon hôtel très confortable, qui n'est pas trop cher. Et je connais la propriétaire; c'est une dame charmante. La cuisine est excellente aussi.
M. Dupont:	Très bien, merci. Je pense que c'est exactement ce que nous cherchons. Le bord de la mer n'est pas loin?
La dame:	Non, monsieur. Comme vous voyez, la mer se trouve à trente kilomètres du village. Vous avez une auto?
M. Dupont:	Non, mais est-ce que nous pourrions louer une voiture dans le village?
La dame:	Oui, monsieur. Je sais qu'il y a un garage en face de l'hôtel.

B Comprehension Questions

1. Pourquoi M. Dupont va-t-il à l'agence de voyage?
2. Que voudraient faire M. Dupont et sa femme?
3. Que préfèrent les Dupont—passer leurs vacances dans une ville ou dans un village? Pourquoi?
4. Où se trouve le village que la dame recommande? Qu'est-ce qu'il y dans cette région?
5. Décrivez l'hôtel que la dame recommande.
6. Est-ce que ce village se trouve près de la mer?
7. Est-ce que les Dupont ont une voiture?
8. Où peuvent-ils louer une voiture?

C Patterns

Using the model sentence in French as a guide, give the French equivalent for each of the English sentences.
1. Je pense à mes vacances.
   We're thinking about the châteaux.
   They're thinking about an interesting region.
2. Nous voudrions passer deux semaines à la campagne.
   We'd like to spend five days at the seashore.
   I'd like to spend my vacation in a little village.
3. Il y a beaucoup à voir.
   There is a lot to read.
   There is a lot to do.

4. Je pense que c'est exactement ce que nous cherchons.
   We think that's exactly what you're looking for.
   He thinks that's exactly what she's looking for.
5. La mer se trouve à trente kilomètres du village.
   The tourist center is located ten kilometers from the town.
   The châteaux are located fifty kilometers from our house.

D Vocabulary Expansion

Listed below are several places where you might spend a vacation.
Tell the class in what region you would like to spend your vacation, where you would like to stay, and why.

la campagne	une grande ville	au bord d'un lac
la montagne	un petit village	la plage
un hôtel	une villa	chez des amis
une auberge	une pension	un terrain de camping

10 At a Travel Agency (2)

Au Syndicat d'Initiative: A l'Agence de Voyages

A Dialogue

Jean et Pierre veulent faire des réservations pour leurs vacances d'hiver.

Jean: Bonjour, madame.

Pierre: Bonjour, madame.

La dame: Bonjour, messieurs, est-ce que je peux vous aider?

Jean: Oui, s'il vous plaît. Mon frère et moi, nous voudrions passer nos vacances d'hiver — en janvier — à la montagne. Je viens de gagner de l'argent à la loterie nationale et nous avons décidé d'utiliser cet argent pour apprendre à faire du ski. Est-ce que vous pourriez recommander une bonne station de sports d'hiver où nous pourrions apprendre à faire du ski comme il faut?

Pierre: Et nous voudrions aussi, madame, un centre où il y a beaucoup à faire le soir!

La dame: Eh bien, messieurs, il faut regarder cette carte. Comme vous voyez il y a beaucoup de centres parfaitement équipés dans les Alpes, dans le Massif Central et dans les Pyrénées.

Jean: Oui, je vois qu'il y a un grand choix. J'ai entendu dire que la Savoie est une bonne région. Qu'en pensez-vous, madame?

La dame:	La Savoie? Oui, monsieur. Voici la Savoie — ici — et voici la ville de Grenoble, qui est un centre excellent. Les Jeux Olympiques d'hiver ont eu lieu là en 1968.
Jean:	Est-ce qu'il y a un village près de Grenoble où on pourrait faire un séjour?
La dame:	Oui, regardez, là! Ce village — Saint-Pierre-de-Chartreuse. Je peux le recommander sincèrement. Je sais qu'il y a plusieurs hôtels; il y a aussi beaucoup de boutiques de sport où vous pourriez louer des skis, des bâtons, des chaussures, etc., et les pentes et les pistes sont excellentes. Il y a de la neige skiable partout et il y a bien entendu des remonte-pentes.
Pierre:	Ça semble formidable, n'est-ce pas, Jean?
Jean:	Oui, Pierre, cela fera juste notre affaire! D'accord, madame, nous choisissons Saint-Pierre-de-Chartreuse.
La dame:	Très bien, messieurs, je prendrai toutes les dispositions nécessaires. Il faut prendre le train de Lyon — c'est un voyage de sept heures — et puis il faut prendre un car pour arriver au village. Vous avez bien choisi, car il y a deux ans je suis allée à ce village pour apprendre à faire du ski. Les moniteurs sont excellents. J'ai appris beaucoup; j'ai appris à marcher à skis — ce n'est pas facile — puis j'ai appris à changer de direction et à faire demi-tour. Et je suis tombée beaucoup de fois!! Mais à la fin de mes vacances j'ai passé un examen, et j'ai réussi! A propos, il y a une patinoire dans le village, si vous voulez patiner.
Jean:	Merci bien, madame, nous allons attendre ces vacances avec plaisir.

B Comprehension Questions

1. Où est-ce que Jean et Pierre voudraient passer leurs vacances d'hiver?
2. Où est-ce que Jean a gagné de l'argent?
3. Que veulent-ils apprendre à faire?
4. Quelle sorte de centre est-ce qu'ils cherchent?
5. Où y a-t-il beaucoup de centres?
6. Quel village recommande la dame? Pourquoi?
7. Est-ce qu'on peut aller au village en avion?
8. Qu'est-ce que la dame a appris à faire à Saint-Pierre-de-Chartreuse?

9. Qu'est-ce qu'il y a dans le village?

C Patterns

Using the model sentence in French as a guide, give the French equivalent for each of the English sentences.
1. J'ai appris à faire du ski et je vais apprendre à faire demi-tour.
   We learned to skate and we are going to learn to ski.
   She learned how to skate and she is going to learn how to change directions.
2. Vous pourriez recommander un hôtel.
   We could rent skis.
   One could skate.
3. Qu'en pensez-vous?
   What does she think about it?
   What do they think about it?
4. Il y a deux ans je suis allée à ce village.
   Three years ago we went to that center.
   A year ago they went to that region.

D Vocabulary Expansion

In the dialogue, Jean and Pierre talked about a winter vacation and winter sports. Review the vocabulary for seasons; then tell when you would most likely participate in the sports mentioned. The first item has been done for you.

en hiver   au printemps   en été   en automne
1. faire du ski   *On fait du ski en hiver.*
2. nager
3. pêcher
4. jouer au football
5. jouer au football américain
6. patiner
7. jouer au baseball
8. jouer au hockey
9. faire du ski nautique
10. jouer au basketball

Discussion Question

Quel est votre sport favori? Pourquoi?

11 At a Campsite

Au Terrain de Camping

A Dialogues

La famille va faire du camping en Bretagne.

La veille du départ

Jean:	A quelle heure faut-il partir demain, papa?
M. Durand:	Il faut partir de bonne heure — vers six heures du matin!
Mme Durand:	J'espère qu'il ne va pas pleuvoir. J'aime faire du camping, mais pas quand il fait mauvais temps!
Jean:	Papa, est-ce qu'il y a un terrain de sports?
M. Durand:	Oui, c'est un très bon camping. Il se trouve au bord de la mer et c'est recommandé par le Touring Club de France. Il y a beaucoup de choses à faire.
Mme Durand:	Mais qu'est-ce qu'il y a à faire quand il pleut?
M. Durand:	Pauvre maman! Elle pense toujours à la pluie! Ma chère, il y a une grande salle de récréation avec un poste de télévision en couleurs et où on peut jouer au ping-pong. Et notre tente est assez grande. Mais il ne va pas pleuvoir!! Le soleil va briller tout le temps, j'en suis sûr!

Le jour du départ — à cinq heures du matin!

M. Durand:	Vite, tout le monde! Il faut partir à six heures. Jean, tout le matériel de camping est dans le

	garage. Il faut tout mettre dans le coffre de l'auto. Il y a la tente et les pliants et toute la batterie de cuisine. Et le réchaud à gaz est sur la table de la cuisine.
Jean:	Oui, papa.
M. Durand:	Oh. Les sacs de couchage sont sur le palier. Ne les oublie pas!
Jean:	Non, papa. *(Il sort.)*
Mme Durand:	J'ai deux grands cartons de conserves, mais j'espère que je pourrai acheter du lait, des oeufs et du pain dans le camp.
M. Durand:	Oui, il y a une boutique d'alimentation générale où tu pourras acheter tout ce qu'il faut. Mais tu ne vas pas préparer tous les repas! Il y a un très bon restaurant.

Jean revient.

Jean:	Papa, j'ai tout mis dans le coffre.
M. Durand:	Tu n'as pas oublié les sacs de couchage?
Jean:	Non, papa. Ils sont dans le coffre aussi. Est-ce qu'il y a autre chose?
M. Durand:	Oui, voici deux cartons de conserves. Est-ce qu'il y a encore de la place dans le coffre?

Jean sort avec un des cartons. Il revient après une minute et sort avec l'autre carton. Il revient.

Jean:	Tout va bien, papa. Le coffre est plein mais j'ai réussi à le fermer!
M. Durand:	Eh bien, tout le monde, en voiture! En route pour la Bretagne!

En route

M. Durand:	Ça va, ma chère?
Mme Durand:	Oui, ça va. Et toi, Jean?
Jean:	Je suis fatigué! Papa, est-ce que c'est loin maintenant?
M. Durand:	Non. Regarde! Voilà la mer!
Jean:	Et voilà notre terrain de camping — là, dans le champ, à gauche! Enfin!

Au Bureau

M. Durand:	Bonjour, monsieur. Je m'appelle Durand. J'ai écrit il y a trois mois, en avril, pour réserver un emplacement pour deux semaines.

Le monsieur:	Une minute, monsieur. (*Il cherche dans ses papiers.*) Ah, oui. Monsieur et Madame Durand et un garçon — trois personnes, une tente et une auto. Tout est arrangé. Vous avez votre carnet de camping, monsieur?
M. Durand:	Oui, le voici.
Le monsieur:	Je vais vous montrer votre emplacement. Voulez-vous me suivre, s'il vous plaît?

Un petit coin du terrain

Le monsieur:	Voici votre place, monsieur. Vous pouvez planter la tente ici, sous les arbres, et il y a de la place pour votre auto à droite de la tente. Comme vous voyez, il y a beaucoup d'arbres et beaucoup d'herbe. Et vous pouvez voir la mer. En ce moment il n'y a pas beaucoup d'autres campeurs. C'est très tranquille, n'est-ce pas?
M. Durand:	Oui, c'est très joli, tout va bien. Oh, à propos, est-ce qu'il y a un téléphone au camp?
Le monsieur:	Oui, monsieur, c'est à gauche du Bureau, près de l'entrée.
Mme Durand:	Et la boutique d'alimentation générale, où est-elle?
Le monsieur:	La voilà, madame, à droite, parmi les arbres.
Mme Durand:	Et les toilettes et les douches?
Le monsieur:	Les voilà, à gauche, au bout de l'allée.
Mme Durand:	Et le village? C'est loin?
Le monsieur:	Non, madame, le village se trouve à deux kilomètres du camp.
Mme Durand:	Merci, je pense que nous serons très contents ici.
Le monsieur:	S'il vous plaît, ne faites pas de bruit entre vingt-trois heures et sept heures du matin.
M. Durand:	Oh, non, nous aimons le calme, aussi. Au revoir, et merci, monsieur.
	Le monsieur part. Une autre voiture vient d'arriver dans le camp.
M. Durand:	Eh bien, Jean, au travail! Il faut planter la tente et enlever tout le matériel du coffre. Il y a beaucoup à faire. Maman, assieds-toi sur ce pliant! Tu peux nous regarder! Et après, nous allons au restaurant pour trouver quelque chose à manger.

B Comprehension Questions

1. Que vont faire les Durand?
2. Selon M. Durand, pourquoi est-ce que c'est un très bon camping?
3. Qu'est-ce qu'il y a à faire quand il pleut?
4. Le jour du départ, qu'est-ce qu'il faut mettre dans le coffre?
5. Est-ce qu'il faut préparer tous les repas au terrain de camping?
6. Combien de temps les Durand vont-ils passer au terrain de camping?
7. Décrivez l'emplacement des Durand.
8. Est-ce que le camp est près d'un village?
9. Comment savez-vous que le camp sera tranquille pendant la nuit?
10. Qu'est-ce qu'il faut faire avant d'aller au restaurant?

C Patterns

Using the model sentence in French as a guide, give the French equivalent for each of the English sentences.
1. La famille va faire un séjour en Bretagne.
   We are going to camp in the countryside.
   They are going to make noise.
2. Elle pense toujours à la pluie.
   You always think about snow.
   He always thinks about bad weather.
3. Les sacs de couchage — ne les oublie pas!
   The tent — don't forget it!
   The gas camp stove — don't lose it!
4. Tu pourras acheter tout ce qui est nécessaire.
   I'll be able to find everything important.
   Papa will be able to read everything interesting.
5. Le coffre est plein, mais j'ai réussi à le fermer.
   The tent is heavy, but we succeeded in pitching it.
   The sentences are difficult, but he succeeded in writing them.
6. Je pense que nous serons très contents ici.
   She thinks they will be very happy here.
   You think you will be very happy here.
7. Ne faites pas de bruit entre sept heures et dix heures.
   Don't watch television between midnight and six o'clock.
   Don't go to the recreation hall between nine and ten o'clock.

12 At the Theater

Au Théâtre

A Dialogues

Monsieur et Madame Duchard ont décidé d'aller au théâtre le lendemain soir.

A la maison

Monsieur Duchard regarde la liste des théâtres dans son journal.

M. Duchard: Regarde, ma chère, on joue *Roméo et Juliette* au Théâtre Royal. Tu voudrais y aller?

Mme Duchard: Oh oui, bien sûr, c'est une pièce excellente.

M. Duchard: Mais est-ce que tu préférerais voir quelque chose d'amusant pour te faire rire?

Mme Duchard: Oh non, j'aime Shakespeare et *Roméo et Juliette* surtout.

M. Duchard: Bon, d'accord. Je vais téléphoner au Bureau de Location.

Au téléphone

M. Duchard: Allô, c'est le Théâtre Royal?

La dame: Oui, c'est le Théâtre Royal, Bureau de Location.

M. Duchard:	Je voudrais deux fauteuils d'orchestre pour demain soir, s'il vous plaît.
La dame:	Une minute, monsieur. (*Il y a un silence.*) Oui, monsieur, vous avez de la chance. Nous avons deux fauteuils d'orchestre au troisième rang.
M. Duchard:	Bon. Est-ce que vous pouvez garder ces deux places pour moi, s'il vous plaît? Je viendrai prendre les billets demain matin.
La dame:	Oui, certainement, monsieur. Quel est votre nom, s'il vous plaît?
M. Duchard:	Je m'appelle Duchard. Je viendrai demain matin à neuf heures et demie.
La dame:	Je regrette, monsieur, mais la location n'est ouverte que de dix heures du matin à huit heures du soir.
M. Duchard:	Bon, d'accord. Alors je viendrai vers dix heures et demie demain matin.

Le lendemain matin à dix heures et demie

M. Duchard:	Bonjour, madame. Je m'appelle Duchard. J'ai téléphoné hier pour retenir deux fauteuils d'orchestre.
La dame:	Ah oui, monsieur. Voici vos billets. Ça fait quarante francs, s'il vous plaît.
M. Duchard:	Merci bien. Voici un billet de cinquante francs. A propos, à quelle heure commence la pièce?
La dame:	La pièce commence à huit heures, monsieur, mais il faut arriver un quart d'heure avant le commencement. Voici votre monnaie, monsieur, dix francs.
M. Duchard:	Merci, madame.

Le soir à huit heures moins le quart

Monsieur et Madame Duchard arrivent.

Mme Duchard:	Vous avez les billets, Henri?
M. Duchard:	Oui, les voici.
Mme Duchard:	Je voudrais acheter un programme.
M. Duchard:	Voilà l'ouvreuse.
Mme Duchard:	Un programme, s'il vous plaît, mademoiselle.
L'ouvreuse:	Voilà, madame, un franc cinquante, s'il vous plaît.

M. Duchard: Il ne faut pas oublier de donner un pourboire, Marie.

Mme Duchard: Voilà, mademoiselle, un franc cinquante pour le programme et ceci pour vous.

L'ouvreuse: Merci bien, madame. Voici vos places.

B Comprehension Questions

1. Quelle pièce est-ce que Mme Duchard voudrait voir?
2. Où est-ce qu'on joue cette pièce?
3. A qui est-ce que M. Duchard téléphone?
4. Qu'est-ce qu'il demande?
5. Est-ce qu'il y a des places libres?
6. Pourquoi est-ce que M. Duchard ne peut pas aller prendre les billets à neuf heures et demie du matin?
7. Combien coûtent les billets?
8. A quelle heure commence la pièce et à quelle heure faut-il arriver au théâtre?
9. Qu'est-ce que les Duchard achètent avant le commencement de la pièce? Combien est-ce qu'il coûte?
10. Qu'est-ce qu'il faut donner à l'ouvreuse?

C Patterns

Using the model sentence in French as a guide, give the French equivalent for each of the English sentences.

1. Monsieur et Madame Duchard ont décidé d'aller au théâtre.
   Miss Lebrun decided to buy a program.
   We decided to telephone the ticket office.

2. On joue *Roméo et Juliette* au Théâtre Royal.
   They're playing *Le Cid* at the Rex Theater.
   Le Bourgeois Gentilhomme is playing at the Comédie-Française.

3. Tu préférerais voir quelque chose d'amusant?
   Would you prefer to read something interesting?
   Would you prefer to write something sad?

4. Il ne faut pas oublier de donner un pourboire.
   One must not forget to save the tickets.
   You must not forget to telephone the theater.

D Vocabulary Expansion

You may already be familiar with many of these French words relating to the theater. Review the words; then answer the questions that follow.

l'acteur	la comédie	l'ouvreuse	la salle
l'actrice	l'écrivain	le personnage	le spectateur
l'auteur dramatique	l'entracte	la pièce	la tragédie
le bar	le foyer	le programme	

1. Quand on va au théâtre, où est-ce qu'on attend avant le commencement de la pièce?
2. Si on veut savoir les noms des personnages et des acteurs, qu'est-ce qu'il faut acheter?
3. Qui conduit les spectateurs à leurs places dans la salle?
4. Où va-t-on pendant l'entracte? Que fait-on là?

Discussion Questions

Quelle est votre pièce préférée? Est-ce que c'est une comédie? Une tragédie? Qui en est l'auteur? Quels autres écrivains préférez-vous?

13 At the Movies

Au Cinéma

A Dialogue

Marc et Jean sont devant le cinéma.

Marc: Regarde cette affiche, Jean. C'est un film américain, n'est-ce pas?

Jean: Oui; j'ai vu une annonce dans le journal. C'est un film policier.

Marc: Est-ce que c'est doublé ou avec des sous-titres?

Jean: C'est doublé, je crois. Est-ce que tu voudrais aller le voir?

Marc: Oui, je veux bien; j'ai entendu dire que c'est un film excellent, très passionnant.

Jean: A quelle heure commence la séance?

Marc: Je vais regarder. Oh — la séance commence à huit heures moins le quart et elle finit à onze heures moins le quart. Le film dure une heure et demie; il y a aussi un dessin animé de Tom et Jerry, un film documentaire sur l'Ecosse et les Actualités. C'est un bon programme, n'est-ce pas?

Jean: Quelle heure est-il maintenant?

Marc: Oh, je ne sais pas. Ma montre ne marche pas. Regarde l'horloge! Il est sept heures et demie. Et il commence à pleuvoir! Mais je n'ai pas d'argent.

Jean:	Moi, j'en ai assez pour deux billets. C'était mon anniversaire il y a une semaine.
Marc:	N'oublie pas le pourboire pour l'ouvreuse!
Jean:	Oh non, il ne faut pas oublier l'ouvreuse!

Au guichet

Jean:	Deux places au balcon, s'il vous plaît, madame.
La dame:	Ça fait vingt-trois francs, s'il vous plaît, monsieur.
Jean:	Voici vingt-cinq francs, madame.
La dame:	Et voici vos billets, monsieur, et deux francs de monnaie.
Jean:	Merci, madame. Voilà, Marc, j'ai maintenant deux francs pour l'ouvreuse! Entrons!

B Comprehension Questions

1. Qu'est-ce qu'on joue au cinéma ce soir?
2. Est-ce que le film est en anglais?
3. A quelle heure commence la séance et combien de temps dure le film?
4. Qu'est-ce qu'on joue avec le film policier?
5. Qui paie les billets?
6. Pourquoi est-ce que Jean a assez d'argent pour payer les billets?
7. Où veulent-ils s'asseoir?
8. Qu'est-ce que Jean va donner à l'ouvreuse?

C Patterns

Using the model sentence in French as a guide, give the French equivalent for each of the English sentences.
1. J'ai entendu dire que c'est un film excellent.
   We've heard it said that it's a funny cartoon.
   He's heard it said that it's a thrilling documentary.
2. Le film dure une heure et demie.
   The documentary lasts one hour.
   The cartoons last twenty minutes.
3. Il commence à pleuvoir.
   We're starting to play Ping-Pong.
   They are starting to make noise.
4. De l'argent? J'en ai assez.
   Change? I have enough.
   Tickets? I have three.

14 At the Lost and Found

Au Bureau des Objets Trouvés

A Dialogue

Mme Leroy: Bonjour, monsieur.

Le monsieur: Bonjour, madame, est-ce que je peux vous aider?

Mme Leroy: Oui, s'il vous plaît. Ce matin, j'ai perdu un paquet important. J'étais dans la rue devant la gare; j'allais au Bureau de Poste. Soudain j'ai vu que le paquet n'était plus dans mon panier. Je suis allée au poste de police et l'agent m'a dit de venir ici. Je suis désolée. Est-ce que quelqu'un a trouvé un paquet?

Le monsieur: Non, madame, je regrette. Personne n'est venu ici. Mais donnez-moi une description de votre paquet, s'il vous plaît. Est-ce qu'il était grand ou petit? Et de quelle couleur était-il?

Mme Leroy: C'était une petite boîte, enveloppée de papier bleu. Il y avait une adresse écrite dessus — Madame Lemaître, 29 rue Lenoir, Paris. Elle contenait une montre-bracelet très chère. C'était un cadeau pour ma soeur, Madame Lemaître. C'est son anniversaire demain.

Le monsieur: Eh bien, madame, donnez-moi votre nom et votre adresse. Je vais remplir une fiche.

Mme Leroy: Je m'appelle Madame Janine Leroy et j'habite 35 rue Lepic.

Le monsieur: Très bien, madame. J'ai tous les détails maintenant.

Mme Leroy: Merci. Qu'est-ce qu'il faut faire maintenant?

Le monsieur: Il faut attendre, madame. Ou il faut téléphoner demain, si vous voulez. Il faut espérer que quelqu'un trouvera votre paquet. A propos, est-ce que vous offrez une récompense?

Mme Leroy: Oh, mais oui, bien sûr. La montre-bracelet a coûté cher. J'offre 50 francs.

Le monsieur: D'accord, madame.

Madame Leroy est sur le point de partir lorsqu'un petit garçon entre dans le Bureau. Il porte un paquet, enveloppé de papier bleu.

Le garçon: Monsieur, j'ai trouvé ce paquet dans la rue devant la gare. Il y a une adresse écrite dessus.

Mme Leroy: Oh! C'est mon paquet. Merci bien, mon garçon! Merci mille fois!

Le monsieur: Le voilà, madame! Tout est bien qui finit bien, n'est-ce pas?

Mme Leroy: Oui. Voilà, mon garçon, un billet de 50 francs pour toi. Je suis très contente.

B Comprehension Questions

1. Où allait Mme Leroy quand elle a perdu son paquet?
2. Qui lui a dit d'aller au bureau des objets trouvés?
3. Est-ce que quelqu'un a trouvé son paquet?
4. Décrivez le paquet de Mme Leroy. Qu'est-ce qu'il y avait dedans?
5. Pourquoi est-ce que Mme Leroy a acheté un cadeau pour sa soeur?
6. Qu'est-ce que Mme Leroy offre comme récompense?
7. Quand Mme Leroy est sur le point de partir du bureau, que se passe-t-il?
8. Qu'est-ce que Mme Leroy donne au garçon?

C Patterns

Using the model sentence in French as a guide, give the French equivalent for each of the English sentences.

1. J'étais dans la rue.
    You were in front of the train station.
    We were at the lost and found office.
2. J'allais au Bureau de Poste.
    She was going to the restaurant.
    They were going to the hotel.

3. Le paquet n'était pas à la maison.
   The box wasn't at the lost and found office.
   The gift wasn't at the post office.
4. Je suis allée au poste de police.
   He went to the theater.
   She went to the campsite.
5. L'agent m'a dit de venir ici.
   The man told her to go the the police station.
   The porter told us to go to our room.
6. Personne n'est venu ici.
   Nobody came to the lost and found office.
   Nobody went to the train station.
7. La boîte contenait une montre-bracelet très chère.
   The package contained a fifty-franc bill.
   The basket contained a gift for my sister.
8. Mme Leroy est sur le point de partir.
   We are about to offer a reward.
   I am about to fill out a form.

D Vocabulary Expansion

Listed below are some items that people often lose. Review the words; then answer the questions that follow.

la carte d'étudiant	les lunettes (de soleil)	le portefeuille
la carte d'identité	la montre	le sac à main
le chapeau	le parapluie	la valise
l'écharpe	le passeport	
les gants	le permis de conduire	

1. Que met-on dans un portefeuille?
2. Si on veut voyager à l'étranger, qu'est-ce qu'il faut obtenir?
3. Quand est-ce qu'on porte des lunettes de soleil?
4. Quand faut-il apporter un parapluie?
5. Que met-on dans un sac à main?
6. Quand faut-il porter des gants? Une écharpe? Un chapeau?
7. Si on perd sa valise à l'aéroport, où faut-il aller?
8. Si vous perdez quelque chose à l'école, où allez-vous?

Discussion Questions

Est-ce que vous avez perdu quelque chose récemment? Où?
Comment? Qu'avez-vous fait?

15 At the Post Office

Au Bureau de Poste

A Dialogues

La dame:	Bonjour, monsieur, je voudrais trois timbres à soixante-dix centimes, s'il vous plaît.
L'employé:	Oui, madame; voilà, trois timbres à soixante-dix centimes, ça fait deux francs dix, s'il vous plaît.
La dame:	Merci. C'est combien pour une carte-postale pour l'étranger?
L'employé:	C'est un franc, madame.
La dame:	Eh bien, donnez-moi quatre timbres à un franc.
L'employé:	Voilà, madame, quatre timbres.
La dame:	Et je voudrais aussi un mandat-poste pour vingt francs, s'il vous plaît.
L'employé:	Voilà, madame, votre mandat-poste.
La dame:	Je voudrais envoyer un télégramme aussi.
L'employé:	Il faut aller au guichet, marqué 'Télégraphe'.
La dame:	Ah, oui, je le vois, Alors, c'est combien en tout, s'il vous plaît?
L'employé:	Deux francs dix et quatre francs et le mandat-poste, ça fait vingt-six francs dix en tout, madame.
La dame:	Merci. Voici trois billets de dix francs.
L'employé:	Merci bien, madame. Voici votre monnaie—trois francs et quatre-vingt-dix centimes.
La dame va au guichet marqué 'Télégraphe'.	
La dame:	Je voudrais envoyer ce télégramme, s'il vous plaît. Il y a quinze mots.
Le monsieur:	Oui, madame. Un, deux, trois . . . sept, huit, neuf . . . treize . . . Oui, il y a quinze mots, comme vous avez dit. Ça fait six francs exactement, madame.

La dame: Merci. Voici un billet de dix francs.

Le monsieur: Merci, madame, et voilà votre monnaie — quatre francs.

La dame: Merci. Où se trouve la boîte aux lettres, s'il vous plaît?

Le monsieur: A gauche de la porte d'entrée, madame.

La dame: Merci, au revoir, monsieur.

Le monsieur: Au revoir, madame.

Au Téléphone

Jean va au comptoir dans le Bureau de Poste.

Jean: Je voudrais un jeton, s'il vous plaît.

L'employé: Voilà, monsieur.

Jean: Je regrette, je n'ai qu'un billet de dix francs.

L'employé: Peu importe. Voici votre monnaie.

  Marie s'approche de Jean.

Marie: Tu vas téléphoner maintenant?

Jean: Oui, j'ai un jeton. Où sont les téléphones?

Marie: Là, à droite.

B Comprehension Questions

1. Combien de timbres à soixante-dix centimes est-ce que la dame demande? Combien coûtent-ils?
2. Combien de timbres à un franc demande-t-elle?
3. Combien coûte le mandat-poste?
4. Où faut-il aller pour envoyer un télégramme?
5. Combien d'argent est-ce que la dame donne à l'employé? Combien de monnaie reçoit-elle?
6. Combien de mots y a-t-il dans le télégramme?
7. Où se trouve la boîte aux lettres?
8. Que voudrait Jean? Qu'est-ce qu'il va faire?

C Patterns

Using the model sentence in French as a guide, give the French equivalent for each of the English sentences.

1. Je voudrais trois timbres à soixante-dix centimes.
   I'd like two four-franc stamps.
   We'd like three seventy-five-centime stamps.
2. Je n'ai qu'un billet de dix francs.
   You only have a five-franc bill.
   He only has a sixty-centime stamp.

16 Going Through Customs

A la Douane

A Dialogues

Mr et Mrs Johnson reviennent en Angleterre après les grandes vacances passées en France. Mr Johnson vient de montrer leur passeport au Contrôle et il parle maintenant au douanier.

Le douanier: Bonjour, monsieur, madame. Ce sont vos valises?

Mr Johnson: Oui, cette grande valise est à moi et la petite valise est à ma femme.

Le douanier: Avez-vous quelque chose à déclarer, s'il vous plaît? Voici la liste.

Mr Johnson: Non, nous n'avons rien à déclarer. J'ai seulement une bouteille de whisky et trois cents cigarettes et ma femme a acheté du parfum — soixante-quinze grammes; c'est un cadeau pour sa soeur. C'est tout ce que nous avons acheté.

Le douanier: Très bien, monsieur, ça va; il n'y a pas de problème. Vous avez passé de bonnes vacances, madame?

Mrs Johnson: Oui, nous nous sommes très bien amusés, merci.

Le douanier: Alors, au revoir, monsieur, madame.

Jeanne et son frère Marc viennent de passer trois semaines chez leurs correspondants anglais. Ils ont traversé la Manche de Douvres à Calais et ils sont maintenant à la douane. Ils ont déjà montré leurs papiers au Contrôle.

Le douanier: Bonjour, monsieur, mademoiselle, vous avez passé de bonnes vacances?

Marc: Oui, nous nous sommes très bien amusés. Ma soeur et moi, nous avons passé trois semaines chez nos correspondants à York; nous sommes allés aussi à Edimbourg, qui est une très belle ville.

Le douanier: Oui, c'est vrai. Je la connais bien. C'est votre valise, monsieur?

Marc: Oui, la valise noire est à moi et la valise bleue est à ma soeur.

Le douanier: Avez-vous quelque chose à déclarer?

Marc: Je pense que non. J'ai seulement quelques petits cadeaux — une pipe pour mon père et une aquarelle du grand château à Edimbourg pour ma mère. Oh ... j'ai oublié. J'ai acheté aussi une immense boîte de chocolats pour ma jeune amie!!

Jeanne: Et moi, j'ai acheté une cravate écossaise pour papa et une garniture de toilette pour maman.

Le douanier: Vous avez dépensé beaucoup d'argent, n'est-ce pas? Bon! Il n'y a pas de problème! Le train de Paris est au quai numéro un ... J'ai vu votre adresse sur les valises! Bon voyage!

Jeanne: Merci bien, monsieur. Au revoir!

B Comprehension Questions

1. Où est-ce que les Johnson ont passé leurs vacances?
2. Où sont-ils en ce moment? Avec qui parlent-ils?
3. A qui est la grande valise et à qui est la petite valise?
4. Qù est-ce qu'ils ont acheté en France?
5. Où est-ce que Jeanne et Marc ont passé leurs vacances?
6. A qui est la valise noire? Et la valise bleue?
7. Qu'est-ce que Marc a acheté en Angleterre?
8. Qu'est-ce que Jeanne a acheté?
9. Où vont Jeanne et Marc maintenant?

C Patterns

Using the model sentence in French as a guide, give the French equivalent of each of the English sentences.
1. Cette grande valise est à moi.
    That blue suitcase belongs to my sister.
    The pipes belong to my father.
2. Nous n'avons rien à déclarer.
    They have nothing to show.
    I have nothing to spend.
3. J'ai une bouteille de whisky.
    She has a bottle of perfume.
    He has a box of chocolates.
4. C'est tout ce que nous avons acheté.
    That's all that I saw.
    That's all that she found.
5. Nous nous sommes très bien amusés en France.
    I had a good time in England.
    They had a good time in York.

D Vocabulary Expansion

Listed below are some European countries and European capitals. Match the capitals and the countries. The first one has been done for you.

l'Allemagne   l'Espagne   les Pays-Bas
l'Angleterre la France   le Portugal
l'Autriche   la Grèce   la Suède
la Belgique   l'Italie   la Suisse

1. Paris *Paris est la capitale de la France.*

2. Amsterdam
3. Athènes
4. Berne
5. Bonn
6. Bruxelles
7. Lisbonne

8. Londres
9. Madrid
10. Rome
11. Stockholm
12. Vienne

17 At a Gas Station

Au Garage: A une Station-Service

A Dialogues

M. Marceau arrive dans son auto. Il descend.

Le garagiste: Oui, monsieur, qu'y a-t-il pour votre service?

M. Marceau: Je voudrais quinze litres d'essence, s'il vous plaît. Super.

Le garagiste: Oui, monsieur . . . Est-ce que c'est tout?

M. Marceau: Non, je voudrais une carte de la région, s'il vous plaît.

Le garagiste: Bien, monsieur, une minute. *(Il va dans son petit bureau.)* Voilà, monsieur, une carte de la région. Vous êtes en vacances?

M. Marceau: Oui, avec ma femme; elle est dans la boulangerie en face. Oh, j'ai oublié! Voulez-vous vérifier l'huile et l'eau, s'il vous plaît?

Le garagiste: Oui, monsieur, avec plaisir.

M. Marceau: Ah, voici ma femme qui arrive.

Le garagiste: Bonjour, madame.

Mme Marceau: Bonjour, monsieur. *(Elle monte dans l'auto.)*
Le garagiste: Au revoir, monsieur, madame. Bonnes vacances!

M. Lafitte arrive à pied. Il a l'air inquiet.
M. Lafitte: Monsieur, monsieur, est-ce que vous pouvez
m'aider, s'il vous plaît?
Le garagiste: Oui, monsieur, qu'est-ce qu'il y a?
M. Lafitte: Je suis resté en panne au coin de la rue. Je ne
sais que faire. Est-ce que vous pouvez venir avec
moi pour regarder mon auto?
Le garagiste: Non, je regrette, pas moi, monsieur. Mais mon
mécanicien peut aller avec vous. Le voici qui
arrive.
Le mécanicien: Monsieur?
M. Lafitte: Je suis resté en panne au coin de la rue. Je ne
sais que faire. Le moteur ne marche pas. Et j'ai
un rendez-vous important au centre de Paris à
sept heures. Et il est maintenant six heures et
quart.
Le mécanicien: Calmez-vous, monsieur! Je viendrai tout de
suite. Au coin de la rue?
M. Lafitte: Oui, oui, ce n'est pas loin. Vite!

Une auto magnifique arrive devant les postes d'essence d'une
station-service. M. Leblanc descend. Il a l'air important.
M. Leblanc: *(avec impatience)* Holà! Il y a quelqu'un!
Le garagiste: *(arrive en courant)* Oui, monsieur, qu'y a-t-il
pour votre service?
M. Leblanc: Faites le plein, à peu près trente litres, super,
s'il vous plaît. Et voulez-vous vérifier les pneus,
la batterie, l'eau et l'huile. Il faut nettoyer le
pare-brise aussi.
Le garagiste: Oui, monsieur, tout de suite.
M. Leblanc: Est-ce qu'il y a un café-tabac près d'ici?
Le garagiste: Oui, monsieur, au coin, à deux minutes.
M. Leblanc: Je serai de retour dans cinq minutes.
Le garagiste: D'accord, monsieur.
M. Leblanc va au café-tabac et il revient après cinq minutes.
M. Leblanc: Tout est prêt?
Le garagiste: Oui, monsieur. J'ai fait le plein, et j'ai vérifié
les pneus, la batterie, l'eau et l'huile. Et j'ai
nettoyé le pare-brise.

M. Leblanc: Bon.

Il monte dans l'auto. Tout à coup, il démarre le moteur et l'auto part à toute vitesse!

Le garagiste: Monsieur, monsieur! Vous n'avez pas payé! Vous n'avez pas payé!

Mais M. Leblanc a disparu!

Le garagiste: Il n'ira pas loin! Le pneu arrière est crevé!

B Comprehension Questions

1. Que demande M. Marceau?
2. Que font M. Marceau et sa femme dans la région?
3. Qu'est-ce que le garagiste vérifie pour M. Marceau?
4. Pourquoi est-ce que M. Lafitte arrive à la station-service à pied?
5. Qui peut aller avec M. Lafitte à son auto?
6. Pourquoi est-ce que M. Lafitte a l'air inquiet?
7. Qu'est-ce qu'il faut faire pour M. Leblanc?
8. Quand M. Leblanc revient du café-tabac, que fait-il?
9. Comment savez-vous que M. Leblanc n'est pas honnête?
10. Pourquoi est-ce que M. Leblanc n'ira pas loin?

C Patterns

Using the model sentence in French as a guide, give the French equivalent for each of the English sentences.

1. Il a l'air inquiet.
   She appears to be important.
   They appear to be happy.
2. Je ne sais que faire.
   We don't know what to think.
   He doesn't know what to say.
3. Je viendrai tout de suite.
   We'll come now.
   You'll come this afternoon.
4. Je serai de retour dans cinq minutes.
   He will return in ten minutes.
   They will return in an hour.
5. Il revient après cinq minutes.
   They return after an hour.
   I return after a week.
6. L'auto part à toute vitesse.

The train leaves at full speed.
The buses leave at full speed.
7. Il n'ira pas loin.
They won't go far.
You won't go far.

D Vocabulary Expansion

If you were driving a car in France and something went wrong
with the car, could you describe the problem to a mechanic? To
begin, you should know the parts of a car. Can you tell what each
of these terms is in English?

la batterie	le coffre	le pare-brise	la roue
le carburateur	le distributeur	le pare-chocs	le siège
la carrosserie	l'essuie-glace	le piston	le tableau de
le changement	le filtre à air	la portière	bord
de vitesse	la glace	le pneu	le volant
automatique	le moteur	le radiateur	

18 Staying with a French Family

Chez une famille française

A Dialogues

L'arrivée à la gare
Peter et sa soeur Janet sont arrivés à la Gare du Nord. Ils vont passer un mois chez leurs correspondants français à Paris. Marie-Claude et Jean les attendent à la gare.

Marie-Claude:	Les voilà! Les voilà!
Jean:	Oui, je les vois! Ils viennent de descendre de leur compartiment. Agite ton mouchoir!
Marie-Claude:	Janet! Peter! Nous voici!
Janet:	Salut, Marie-Claude, comment ça va?
Marie-Claude:	Salut, Janet, ça va très bien. Je suis très contente de te voir.
Peter:	Salut, Marie-Claude, salut, Jean. Nous voici enfin!
Marie-Claude:	Il faut prendre le métro. L'entrée est à gauche. En route pour la maison!

A la maison

Marie-Claude:	Maman, maman, nous voici! Ils sont arrivés! Janet, voici ma mère et voici mon père.
Janet:	Bonjour, madame, monsieur. Je suis très contente de vous connaître.
Mme Durand:	Bonjour, Janet.
M. Durand:	Bonjour, Janet.
Jean:	Papa, maman, voici Peter.
M. et Mme Durand:	Bonjour, Peter, Vous êtes fatigués tous les deux après votre long voyage?
Peter:	Oui, monsieur, madame, un peu.

Tout le monde rit. M. et Mme Durand ont parlé en même temps!

Marie-Claude:	Janet, Peter, je voudrais vous présenter ma tante Louise. Elle passe ses vacances avec nous.
Peter et Janet:	*(ensemble)* Bonjour, madame, nous sommes heureux de faire votre connaissance.

Un quart d'heure plus tard

Mme Durand:	Janet, je te montrerai ta chambre maintenant.
Janet:	Oui, s'il vous plaît, madame. Je me sens très fatiguée. Est-ce que je pourrais prendre un bain avant de me coucher?
Mme Durand:	Mais oui, bien sûr. Je te montrerai la salle de bains et je trouverai une serviette propre pour toi.

Dans la chambre de Janet

Janet:	Oh, quelle jolie chambre. J'aime bien les rideaux bleus et la vue de la fenêtre est superbe. Je peux voir la Tour Eiffel.
Mme Durand:	La salle de bains est juste à côté. Et le WC aussi.
Janet:	Merci, madame.

A table

Mme Durand:	Eh bien, mes enfants, servez-vous! Allez-y! Vous avez faim sans doute?
Peter:	Oui, madame, j'ai une faim de loup!
Janet:	Moi aussi. Oh, quel magnifique repas! Merci bien, madame.

Tout le monde commence à manger de bon appétit.

Dans le salon

Peter:	Je suis très content d'être ici, monsieur. Ma soeur et moi, nous attendons ces vacances depuis longtemps.
M. Durand:	Cela nous fait plaisir de vous recevoir.
Peter:	Qu'est-ce que nous allons faire demain, monsieur?
M. Durand:	Est-ce que vous voudriez monter tout en haut de la Tour Eiffel?
Peter:	Oh, oui. Mais j'espère qu'il y a un ascenseur!
M. Durand:	*(en souriant)* Oui, il y a un ascenseur jusqu'en haut!
Peter:	Excusez-moi, mais j'aimerais aller me coucher maintenant. Je suis très fatigué.
M. Durand:	Oui, tu as l'air endormi. Bonne nuit! Dors bien!
Peter:	Bonne nuit, monsieur.

B Comprehension Questions

1. Pourquoi est-ce que Peter et Janet vont à Paris?
2. Qui rencontre Peter et Janet à la Gare du Nord?
3. Comment est-ce que les quatre amis vont à la maison de Jean et Marie-Claude?
4. Qui passe ses vacances chez les Durand?
5. Comment se sent Janet? Qu'est-ce qu'elle veut faire avant de se coucher?
6. Qu'est-ce qu'on peut voir par la fenêtre dans la chambre de Janet?
7. Qu'est-ce qu'on va faire demain?
8. Est-ce qu'il faut y monter à pied?

C Patterns

Using the model sentence in French as a guide, give the French equivalent of each of the English sentences.
1. Je te montrerai ta chambre.
   She'll show you the bathroom.
   We'll show you the Eiffel Tower.
2. Je me sens très fatiguée.
   He feels very tired.
   You feel very happy.

3. Je vais prendre un bain avant de me coucher.
   He's going to read before going to bed.
   We're going to watch television before going to bed.
4. Nous attendons ces vacances depuis longtemps.
   I have been waiting for the train for a long time.
   She has been studying for a long time.
5. Quelle jolie chambre!
   What a magnificent meal!
   What a superb view!
6. Il faut aller me coucher.
   He must go to bed.
   We must go to bed.

D Vocabulary Expansion

You are probably familiar with these terms related to grooming.
Review the words; then answer the questions that follow.

la salle de bains	le miroir	la brosse à dents
la douche	la serviette	la brosse à cheveux
le WC	le savon	la pâte dentifrice
le lavabo	le peigne	le rasoir

se brosser	se peigner
se laver	se raser

1. Avec quoi est-ce qu'on se brosse les dents?
2. Avec quoi est-ce qu'on se brosse les cheveux?
3. Avec quoi est-ce qu'on se peigne?
4. Avec quoi est-ce qu'on se rase?
5. Avec quoi est-ce qu'on se lave?
6. Où est-ce qu'il faut aller pour acheter du savon et de la pâte dentifrice?
7. Décrivez ce qu'on trouve dans une salle de bains.

19 Health

La Santé

A Dialogues

A la maison

Madame Julien téléphone au médecin.

Mme Julien: Allô? C'est Mme Julien. Puis-je parler au docteur?

Le médecin: Oui, c'est le docteur Jouvet à l'appareil.

Mme Julien: Ma fille est malade. Quand elle s'est réveillée ce matin, elle a dit qu'elle avait mal à l'estomac. Elle est très pâle et elle ne veut pas se lever. Est-ce que vous pouvez venir la voir?

Le médecin: Oui, bien sûr. Quel âge a-t-elle?

Mme Julien: Elle a six ans, docteur.

Le médecin: Eh bien, quelle est votre adresse? Je serai chez vous le plus tôt possible.

Le médecin arrive à onze heures. Il examine la fillette.

Le médecin: Oui, elle a une température. Je pense que c'est la grippe. Je vous donnerai une ordonnance

pour un flacon de médicament. Il faut aller chez
le pharmacien.

Chez le pharmacien

Mme Julien:	Voici une ordonnance, monsieur.
Le pharmacien:	Oui, madame. C'est pour vous?
Mme Julien:	Non, c'est pour ma fille. Elle a la grippe.
Le pharmacien:	Voilà, madame. Trois fois par jour.
Mme Julien:	Merci, monsieur.

Un accident à la maison

Madame Lenoir est dans la cuisine. Sa fille, Marie, joue dans le
salon. Soudain il y a un cri. Mme Lenoir court au salon.

Mme Lenoir:	Qu'est-ce que c'est, Marie?
Marie:	Maman, je jouais avec mes poupées quand je suis tombée et je me suis cogné la tête contre la chaise.
Mme Lenoir:	Oui, je vois que tu as une meurtrissure au front. Est-ce que cela te fait mal?
Marie:	Oui, maman, un peu. Je me sens malade.
Mme Lenoir:	Je vais téléphoner au médecin. Assieds-toi là et ne bouge pas!

Le médecin arrive après une demi-heure. Il examine Marie.

Le médecin:	Non, ce n'est pas grave. Tu as mal à la tête, Marie?
Marie:	Oui, docteur.
Le médecin:	Eh bien, il faut rester au lit et il faut boire beaucoup de tasses de thé. Tu aimes le thé, Marie?
Marie:	Oui, monsieur, mais je préfère le café.
Le médecin:	Non, pas de café; du thé seulement.
Mme Lenoir:	Merci. Est-ce que vous allez revenir?
Le médecin:	Non, j'espère que ce ne sera pas nécessaire. Mais téléphonez-moi si elle se sent plus malade.

Un accident dans la rue

Marie:	Oh, regarde, maman, cette vieille dame, elle vient de tomber sur le trottoir!
Mme Dupont:	Oh, la pauvre dame! Allons l'aider! Madame, vous êtes malade?
La dame:	Oui; tout à coup je me suis sentie faible et je ne pouvais pas marcher.

| Mme Dupont: | (à Marie) Je pense qu'elle s'est cassé la jambe droite. Il faut téléphoner pour une ambulance. |
| Marie: | Il y a une cabine téléphonique au coin, maman. |

Un monsieur arrive.

| Mme Dupont: | Monsieur, voulez-vous téléphoner pour une ambulance, s'il vous plaît. Cette vieille dame s'est cassé la jambe; elle s'est sentie faible et elle est tombée sur le trottoir. |
| Le monsieur: | Oui, bien sûr. *(Il court vers la cabine téléphonique.)* |

Après dix minutes l'ambulance arrive. Deux hommes mettent la vieille dame sur un brancard et l'ambulance part à toute vitesse vers l'hôpital.

B Comprehension Questions

1. A qui téléphone Mme Julien? Pourquoi?
2. Comment va la fille de Mme Julien?
3. Qui vient à la maison? Qu'est-ce qu'il fait?
4. Que pense le médecin? Qu'est-ce qu'il donne à Mme Julien?
5. Où faut-il aller?
6. Combien de fois par jour est-ce qu'il faut prendre le médicament?
7. Qu'est-ce qui est arrivé chez les Lenoir?
8. Comment se sent Marie?
9. Qu'est-ce que le médecin dit à Marie de faire?
10. Qu'est-ce qui est arrivé à la vieille dame?
11. Que pense Madame Dupont?
12. Qu'est-ce qui arrive sur la scène? Que font les deux hommes?

C Patterns

Using the model sentence in French as a guide, give the French equivalent for each of the English sentences.
1. Elle s'est réveillée.
   We woke up.
   The girls woke up.
2. Elle a dit qu'elle avait mal à l'estomac.
   He said that he had a headache.
   I said that I had a sore leg.
3. Elle ne veut pas se lever.
   I don't want to get up.
   We don't want to get up.

4. Je jouais avec mes poupées quand je suis tombée.
   He was playing Ping-Pong when he fell.
   We were playing soccer when we fell.
5. Je me suis sentie faible.
   They felt very weak.
   You felt weak.
6. Elle s'est cassé la jambe.
   He broke his arm.
   I broke my foot.

D Vocabulary Expansion

You are probably already familiar with these parts of the body. If not, study them carefully.

la bouche	le droigt	la main	le pied
le bras	l'épaule	le nez	la poitrine
le cou	l'estomac	l'oeil (les yeux)	le pouce
le dent	le genou	l'oreille	la tête
le dos	la jambe	l'orteil	

Now sketch a human body and label each of the parts mentioned above.

NTC INTERMEDIATE FRENCH-LANGUAGE MATERIALS

Computer Software
French Basic Vocabulary Builder on
  Computer

Videocassette Packages
VidéoPasseport français (60-Minute
  Videocassette,
  Activity Book, Instructor's Manual)
VidéoFrance Series (Each package:
  60-Minute Videocassette, Teacher's
  Manual)
  Panorama de la France
  Profils des Français
  Optiques: la vie quotidienne
Salut la France Series (Each package: six 45-
  Minute Videocassettes, Teacher's
  Resource Book)
  Comparing French and American
  Lifestyles
  Comparing French and American
  Cultures

Conversation Books
Conversational French
A vous de parler
Direct from France
Au courant
Tour du monde francophone Series
  Visages du Québec
  Images d'Haïti
  Zigzags en France
Getting Started in French
Parlons français

Puzzle and Word Game Books
Easy French Crossword Puzzles
Easy French Word Games
Easy French Grammar Puzzles
Easy French Vocabulary Games
Easy French Culture Puzzles
Easy French Word Games and Puzzles

Text/Audiocassette Learning Packages
Just Listen 'n Learn French
Just Listen 'n Learn French Plus
Just Listen 'n Learn Business French
Speak French

Conversational French in 7 Days
Sans Frontières
Practice & Improve Your French
Practice & Improve Your French *Plus*
How to Pronounce French Correctly

Intermediate Workbooks
Ecrivons mieux!
French Verb Drills
Amicalement (Writing Activity Book)

Blackline and Duplicating Masters
Basic Vocabulary Builder
Practical Vocabulary Builder
The French Newspaper
The Magazine in French
French Verbs and Vocabulary Bingo Games
French Grammar Puzzles
French Culture Puzzles
French Word Games for Beginners
French Crossword Puzzles
French Word Games

Transparencies
Everyday Situations in French
NTC's Let's Learn Language Development
  Transparencies (French Edition)

Reference Books
French Verbs and Essentials of Grammar
Nice 'n Easy French Grammar
French Reference Grammar
Guide to French Idioms
Guide to Correspondence in French
Teach Yourself French Grammar
Teach Yourself French Verbs
Side by Side French and English Grammar

Bilingual Dictionaries
NTC's New College French and English
  Dictionary
NTC's Dictionary of Faux Amis
NTC's Dictionary of French *Faux Pas*
NTC's Dictionary of Canadian French
NTC's French and English Business
  Dictionary

For further information or a current catalog, write:
National Textbook Company
a division of *NTC Publishing Group*
4255 West Touhy Avenue
Lincolnwood, Illinois 60646-1975 U.S.A.